나만의 로맨티스트

시인의 말

 누구나의 책이 그렇듯,
 이 시집은 그동안 제가 살아오면서 느낀 감정입니다.
 소심한 저에게는 자신의 감정이 드러나는 일은 부담스러운 일이기도 해서, 저를 아는 지인은 안 읽었으면 하는 생각도 있습니다.
 어쩌면 이런 걱정은 기우에 불과할지도 모릅니다. 어떤 사교적 모임이나 취미활동을 안 한 지 너무 오래되어 아는 지인이 많지 않기 때문입니다.
 주위에서는 참 무료하게 산다고 기이하게 여기지만 나름대로 만족하며 살고 있습니다.
 가끔씩 커피 향과 함께하는 지인과의 대화, 천 년의 세월을 견뎌온 봉국사에 산책을 나가 나무를 꼭 끌어안으며 감사의 마음을 전할 때는 '이런 삶도 괜찮다' 하며 느낄 때도 있습니다.
 이 시가 외롭고 지친 삶을 견디며 사는 독자들에게 조

금이나마 마음의 위안을 드린다면 같은 감정을 느끼고 사는 저에게도 큰 위로가 될듯합니다.

 우리의 인생은 내 의지와 관계없이 길가에 피어 있는 이름 없는 들꽃처럼 뽑히고 짓밟힙니다. 그래도 우리는 끈질긴 생명력을 가진 들꽃같이 공중에 씨를 뿌리고 대를 이으며 견디고 순응합니다. 저는 이것 또한 용기라고 생각합니다. 견딜 수 있는 용기, 삶에 대한 신뢰라고 생각합니다. 그러나 안락함을 버리고 집을 뛰쳐나와 사는 들고양이처럼 때로는 우리도 용감하게 독립적으로 살았으면 해요.

 이 시집을 읽는 모든 이들에게 신의 가호가 있기를 기도드립니다.

목차

시인의 말

010 나만의 로맨티스트
013 비창
016 우리는 연인
018 슬픈 인연
020 하나가 되자
022 너가 있을 때
024 너와 나의 천국
026 그해 봄
028 죽은 연인
030 겉도는 너의 영혼
032 외로움
035 시련
036 신과의 대결 (어느 여인의 기도)
039 이상한 나비
042 이상한 나비의 잔상
045 죽은 나비의 진실

048 이번 생의 이별
050 꿈
053 Twilight(행복해지는 시간)
054 Twilight(제일 좋아하는 시간)
056 어느 노부부
058 그리움
061 슬픔
062 산책
064 재회
066 우리가 좋아했던 성악가
068 재밌는 운명
073 별을 사랑한 소녀
077 퇴근길
079 죽음맞이 노래
081 가을 이별
083 가을비

085　단골 빵집
087　커피 예찬
089　안녕
091　별이 된 소년
093　깡통 줍는 노인
095　실망
099　서울 거리 3사람
102　절대 침묵
103　수상한 옆집 여자
106　아기적 겨울
107　아기적 봄
109　아기적 여름
110　겨울과 동행
113　늦가을
117　사랑의 꽃밭
118　천년고찰 봉국사 저녁 타종

나만의 로맨티스트

저의 지나온 삶은

슬픔을 참아냈고 불행을 견디었으며

가끔씩 시간에 순응하며 행복했습니다

불같은 성격으로 시련이 닥쳐오고

내 의지와 상관없이 불행이 찾아올 때면 이 세상과

작별도 하고 싶었습니다

그러나

커피를 마시고 있는 지금 살아 있어서 좋습니다

뜻이 맞지 않는 사람들과 지쳐 있을 때

퇴근길에 하소연할 언니가 있고

조성진의 차이코프스키 피아노 협주곡 1번을

들을 수 있는

감성이 있어 행복합니다

세상이 너는 행복의 조건에 맞지 않다고

끊임없이 잣대질하겠지만

그것은 내가 정하는 것이라는 것을 꼭 잊지 마십시오
커피숍 창문으로 눈 오는 동화 같은 장면
벚꽃이 휘날리는 향긋한 자연의 숨결
시름이 지는 저녁노을 풍경
이 모든 것을 즐길 줄 아는 당신은 행복한 사람입니다
우리의 삶에서
'하나님께서는 날 사랑하지 않는구나!'라고
느껴질 때가 있습니다
그러나
라떼 커피의 달콤함을 알고
열정이 넘치는 축구선수들의 경기를 즐길 줄 알고
성경을 읽을 수 있는 지혜가 있다면
당신은 충분히 행복한 사람입니다
세상의 조건으로 스스로를 판단하지 마세요
슬픈 영화를 보며 눈물 흘리고
비 온 뒤 코끝이 신선한 바람 향을 느끼며
산책하는 당신은
충분히 행복할 수 있는 사람입니다

때로는 멋으로라도 남에게 선물도 하고
가끔 명품 커피 맛도 혼자 즐겨보세요
행복할 나만의 조건을 스스로 정하세요
나의 눈과 입과 귀가 반응하는 것으로요
그리고
어떠한 상황에서도 인간의 품위를 잃지 않는
로맨티스트가 됩시다
나 혼자서도 낭만을 즐길 줄 아는
나만의 로맨티스트

비창

오래전 어느 겨울
그 많은 눈을 맞으며
우리는
피아노 콘서트에 갔었지
베토벤 〈비창〉 2악장을 들으며
너는 긴 팔로 내 어깨에 둘렀던 손을 빼고
나를 뚫어져라 쳐다보았지
그리고 머리를 한참 쓰다듬
나의 손을 꼬옥 잡고
이유 없이 손등에 입맞춤해 주었던 너
슬픈 음악 때문이었을까
이유 없이 눈물이 고였지만
들키기 싫어서 고개를 돌렸다

이제는 이 아름다운 음악을 들을 수가 없어

나만 두고
내가 갈 수 없는 곳으로 멀리 가버렸잖아
그것도 하루아침에
차라리 나를 사랑하지 말지
조금만 좋아해 주지
끝까지 지켜주지도 못할 거면서……
부모님께도 받지 못한 과분한 사랑을 주더니
그렇게 가버렸구나
난 어떻게 살으라고 혼자 남겨두었을까

첫눈이 온다
젊은 남녀가 꼭 끌어안고 눈을 감상하고 있다
우리도 그랬는데
저들보다 더 사랑했는데
난 혼자 우산도 없이 눈을 맞으며 집에 가는구나

거리의 사람들은 눈 때문에 행복해하는데
너의 따뜻한 입김의 손등 입맞춤

머리를 쓰다듬어 주었던 부드러운 큰 손
베토벤의 〈비창〉 피아노 선율이 들린다
눈물이
찬 볼을 타고 내려오는
뜨거운 눈물이
첫눈 때문에 보이지 않아서 좋았다

얼굴에 묻은 눈이
비로 변하고
눈물이 되고
너가 되는 것을
행복한 사람들한테 보이지 않아서 좋았다

우리는 연인

오늘도 커피를 마시며 당신을 생각했어요
지금은 뭐 하고 있을까 궁금했지요
어제도 우리는 바다가 보이는 커피숍에서
두 손을 꼭 잡고 있던
유리창에 비치는 우리의 애잔한 모습을 사랑했지요
별들이 당신의 눈 속에 내려앉을 때까지
나는 지루함 없이 조용히
충만히 당신을 바라보았지요
다른 연인들이 집으로 모두 돌아갈 때까지
파도소리 들으며 서로의 별을 찾으며
바닷가를 걸었지요
아…… 우리의 사랑이 시간의 흐름으로
변치 않기를 기도하며
세상의 문제들로 믿음을 잃지 않기를 바라며
당신의 눈 속에서 나를 찾으며 당신의 하염없는

사랑을 느꼈지요

아…… 젊음이 가듯 우리의 사랑도 흐려진다면

슬플 거예요

세상은 상대를 위해 희생을 하면 결말은

원망뿐이라고 하지만

우리만이라도 서로의 눈물을 닦아 주고

언제나 지금처럼 손을 꼭 잡았으면 해요

향긋한 바람이 뺨을 간지럽히며 행복할 거라고

이야기하네요

세월이 흘러 서로가 힘들게 한다 해도

바닷가 그 커피 향을 기억하며

당신의 따스한 그 손의 느낌을……

유리창에 비치던 두 손을 꼭 잡고 있는 우리 모습을……

잊지 않기로 해요

그 절대적인 숭고한 마음을 제발 잊지 않기로 해요

어제 만났는데도 당신의 손길이

노을이 아름답다고 속삭이던 당신의 커피 향 입김이

벌써 그리워요

슬픈 인연

이전 생에서
당신은 나 때문에 죽었을지도
그래서 천둥 치는 날
살구나무가 피를 토하듯 익지도 않은
살구를 떨구며
나와 같이 슬피 울어 주었던 것 같다
그렇지 않고는
이 모든 슬픔들이
설명이 되지 않는다

내가 알지 못하는 그 이전 생에서는
당신은 나를 대신해 감옥에 끌려가
모진 고문을 당하다 또 한 번 절명했을지도
그래서 비 오는 날이면
왠지 모르게 두렵고 애달프고 가슴 저리는 듯

내가 모르는 그 이전의 일들로
나는 이렇게 고통스럽고 미안해하는구나

너는
나 대신 죽는 것이 내가 행복인 줄 알았나 보다
너가 있어야
나에겐 세상이 존재한다는 것을
너무나 잘 알면서……

이번 생에서 은혜를 갚아야 하는데
너를 찾을 수가 없구나

하나가 되자

이루지 못한 사랑 때문에
슬피 우는
붉은 눈시울은
노을이 되어요

과거로 돌아갈 수만 있다면
다르게 행동했을 텐데 하는
뼈저린 마음은
진눈깨비가 되어요

만나고 싶어도
이제는 더 이상 만날 수 없는
그리움은 바람이 되어요

이렇게 우리는 자연으로 돌아가나 봐요

이렇게 자연의 일부가 되나 봐요

그때는
너는 나무가 돼
나는 흙이 될게
그래서 하나가 되자

너의 양분이 되어줄게
언제나 새들이 놀러 오는
아름드리 큰 나무가 되자

너가 있을 때

그때는 내가 빨리 오기를 기다렸지

너의 기다림보다는 나의 미래의 모습이 더 중요했지

시간이 지나면 모든 것이 자연스럽게

평범해질 거라 예상했는데

인생에서는 예상치 못한 변수가 있는 것을

깨닫지 못했던 나

그때만 할 수 있는 일이 있다는 것을 나는 몰랐지

왜 이런 일들이 일어났는지 우리는 모른다

신만이 알까

신이 주신 벌일까

얼마 살지도 않아 나쁜 짓을 할 시간도 없었는데……

왜

어떻게 이런 일들이 벌어지는 걸까

신께서는

인간이

고통 속에서 눈물 흘리는 것을 좋아하나 보다
아니면 이 절대 고통 속에서 어떤 깨달음을
얻으라는 것일까
도대체 뭘 깨달으라는 것일까
알 수가 없다
피조물인 우리는 알 수가 없다
그래서 더 슬프다
그래서 더 비통하다

너와 나의 천국

눈물의 양으로 천국을 가나 보다
눈물을 흘린 만큼 천국에서 행복해하나 보다
신께서 그렇게 정해주셨나 보다

이 세상에서 어떤 일이 가장 슬플까
사랑하는 사람을 보고 싶어도 못 보는 것이다
이건 세상 사람들이 해결할 수 없는 일이니까
신께서만 할 수 있는 일이니까
신의 특권이니까

나의 연인
곧 재회의 날이 다가오겠지

조금씩 젊음이 사라진 내 모습을 알아보지 못할까 봐
두렵기도 해

그래도 날 알아봐 줄 거지

모든 것을 초월한 그런 곳일 테니까

천국은 그런 곳이니까

그해 봄

그해 봄은

이상하게 추웠어

난 추위를 싫어해서 투덜거렸지

따뜻하게 안아줘

다행히도

올봄은 따뜻하대

그렇지만 그해 봄보다

더 추위를 느껴

너의 이름을 한없이 부르며

노란 나비를 보고

민들레 씨앗이 하늘로 날아가는 것을 봐

하늘은 이렇게 예쁜데

너가 없구나

신께서 주신 이 세상은 이렇게 아름다운데

너가 없으니 자꾸 눈물이 나

그때는

꼭

마중 나와줄 거지

나 무섭지 않게

고마워

잘 지내고 있어

죽은 연인

죽기 며칠 전 나에게 그랬다
너를 위해선 팔 한쪽도 줄 수 있다고
난 이런 말을 듣고 비웃었다
지금 이 순간의 감정이 진실이어도
그래도 막상 닥치면 못 그럴 거다
사랑의 감성에 젖지 좀 마

죽기 이틀 전 또 그랬다
너만 생각하면 왜 이렇게 슬프지
너가 불쌍하고 너무 안쓰러워서
난 이런 말을 듣고 어이가 없었다
내가 부모가 없냐 어디가 아프냐
이상한 소리 좀 하지 마

죽기 하루 전
마지막 전화에선
너 목소리 듣고 자려고
아직 안 자고 기다렸지……
잘 자 많이 사랑한다 내일 봐
난 일부러 나도 사랑한다고 이야기하지 않았다
그냥 더 많이 사랑하는 사람을 약간 힘들게 하려고
그러면서 우월감을 느끼며 만족했었다

어떻게 위대하신 신께서는
나에게 아무런 느낌을 주지 않았는지요
죽음인데…… 다시는 만나지 못하는데
젊은 사람이 아무 이유 없이
자다가 죽을 수 있다는 것을
이날 처음 알았다
아…… 이때부터 나의 삶은 헝클어지고
가슴엔 항상 사납게 검은 비가 내렸다

중년의 나이가 된 지금 회색 비로 바뀌었을래나

겉도는 너의 영혼

난 너를 느낄 수 있어
사람들은 믿지 않지만……
나의 삶 곳곳에 너가 있었어
노을빛 저녁 바다가 보이는 카페에서
커피 향을 맡으며
내 두 눈에 노을이 가득 차서
모든 것이 흐릿한 주황색으로만 보일 때
비 오는 밤 문득 깨서 창문에 부딪히는
빗소리를 들으며 다시 잠들 때
모두가 바쁜 공원에서 홀로 벤치에 앉아 먼 하늘을
하염없이 바라볼 때도
너구나……
고마워
외롭지 않게 해주려고 노력해서
그러나 이제는 잘 가렴 너의 갈 곳으로

한때는 날 이렇게 힘들게 하고

떠난 너가 너무 미웠지만

지금은 괜찮아 오히려 안심이 되는걸

내가 죽어서 너가 마중 나온다면

난 하나도 죽음이 무섭지 않을 거야

죽음을 행복한 일로 만들어 줄 너가

지금은 고마워 날 두렵지 않게 해주어서

예전처럼 착한 미소로 날 반겨줄 거지

그곳에서 기다려 줘

안심하고 떠나도 돼

이제는 잘 웃고

부끄러운 줄도 모르고 큰 소리로 길에서도 막 떠들어

그만 지켜주어도 돼

내가 편안하듯이 너도 편안했으면 좋겠어

그러나 아직도 많이 보고 싶기는 해

외로움

심장이 몸 밖으로 튀어나와서
피를 뚝뚝 흘리며 양손으로 들고 있는 느낌
영혼이 분리되어 두 눈을 어둠 속에서 찾아
헤매는 느낌
한밤중에 깊은 산을 넘고 넘어도 빛을
못 찾고 있는 느낌
두 눈을 꼭 감고 아무리 몸을 웅크리며
실뭉치처럼 돌돌 말아도
몸과 마음이 둘로 나누어져 있는 느낌

프리다 칼로가 왜 그렇게 끔찍한 그림을 그렸는지
이제야 이해가 간다
그 누구도 없다
완전한 혼자다
이야기하면 나의 상처만 할퀴어질 뿐

나만 이상한 사람이 될 뿐

내가 갖고 있는 삶에 만족하고

긍정적으로 생각하라고 세상 사람들은 이야기한다

그럼 내가 욕심꾸러기란 말인가

남이 가진 것을 탐내면서 나는 왜 없냐고……

커피 향에 마음을 달래도

오늘은 되지를 않네

그림을 그리고 시를 읽어도 음악을 들어도

오늘은 안 되네

어쩌지……

이 마음을

그냥 두 눈을 꼭 감고 눈물을 흘릴 뿐

다른 방법이 없다

지쳐서 스르륵 잠을 자고 잊어버리는 수밖에

다른 방법이 아무것도 없다

돈 맥클린의 빈센트 노래가 흘러나온다

혼자만의 그림

안개 같은 미래

상처받은 영혼

주위엔 온통 극도의 이기주의자들

얼마나 외로웠을까……

지금의 나처럼

시련

이렇게 춥고
고달파도
너를 만날 수 있다는 생각으로
버티고 있어
곧 좋은 날이 올 테니까

이렇게 마음 아프고
쓰라려도
너를 볼 수 있다는 생각으로
참고 또 참고 있어
곧 행복한 날이 올 테니까

내가 춥고 슬픈 만큼
얼마나 너를 보고 싶어 하는지
신께서는 아실 테니까
이것만으로도 견딜 수 있어

신과의 대결 (어느 여인의 기도)

신이여
저를 얼마나 울리실 건가요?
아무리 당신께서 인간이 가장 아름답다고
생각할 때가 눈물을 흘리고 있는 모습이라지만
우리는 너무 고통스럽습니다
당신께 돌아갈 때
우리 눈물의 양으로 천국과 지옥을 가르실 건가요?
이 삶이 당신의 시간 속에서는 아무것도 아니라지만
우리는 너무 괴롭고 힘듭니다

당신께서 생각하는 것보다
이 삶은 인간에게 너무나 처절한 슬픔입니다
잠깐 잠깐씩
불쌍히 여겨 눈물을 멈추게 평안을 주지만
우리의 삶은 고통의 터널이 자꾸 다가와요

때로는 이 터널은 너무 길어 회복하기가
힘들 때도 있어요
그래서 불안하고 두려워요

당신께서 우리를 좀 더 가엾게 여겨 주세요
제발 눈물의 양으로 천국과 지옥을 나누지 마세요
'행복하게 오래오래 잘 살았습니다'라는
동화 같은 결말을
바라는 것은 헛된 망상인가요?

끝까지 버티고 눈물 한 방울도 안 흘리면
내가 졌다 하고 행복을 주실 건가요?
죽을힘을 다해 당신께서 주신
숙제 같은 운명을 이기면 기쁨을 주실 건가요?

그렇게 독한 마음을 갖고 인생을 살아서
당신께서 주신 거룩한 고난을 성공한다 하여도
남는 것은 무엇일까요?

허무가 아니기를 간절히 바래 봅니다

너무 지나친 아픔은 영혼에 상처를 남겨요
제발 우리를 불쌍히 여겨서
인간이 가장 아름답고 순수한 모습은
눈물을 흘릴 때야 하면서
우리를 울게 하지 않게 해 주세요

우리에게 자비를 베풀어 주소서

이상한 나비

영하로 떨어진 날씨

모든 것이 색을 잃었다

흰색이 세상을 지배했다

다른 색은 허락해 줄 수 없다

색의 삼원색에도 못 들어가는 흰색이

내가 최고의 색이라는 것을 세상에 선포하고 있다

나무조차 가지마다 원치 않는 흰 담요를 두르고

무게에 지쳐 힘들다고 소리친다

이런 추위에

눈 위를 나는 나비를 보았다

팔랑팔랑 내 주위를 돌다

나비야 나비야

부르니까 저 멀리 날아갔다

한겨울 나비

동면을 해야 하는데

적당한 자리를 못 찾아 헤매고 있는지

아니면

동면 따위는 필요 없어

난 다른 나비와 달라 이 추위를 이겨볼 거야

하면서 결국은 얼어 죽었을 것인지

나비가 어떻게 되었을까

부디 적당한 장소를 찾아 동면하기를……

동면이 결코 죽음이 아니고

잠깐의 쉼임을 알았으면

하지만

나도 때로는 이 나비처럼

인간의 정해진 경로를 당돌하게 거부하고 싶어질 때가 있다

아마 아픈 나비나 늙은 나비일 수도 있다

동면하다 죽느니 그냥 나비처럼 날다가

나비답게 날갯짓을 멈추지 말자 하면서

끝까지 자기가 나비임을 잊지 않았을 수도 있다

며칠 후

나비가 내 방으로 날아들어 왔다
기운을 못 차리고 파닥거렸다
어떻게 해주어야 할까
망설이는 사이에 나비는 움직이지 않았다
아……
나도 나중에 이렇게 죽어야지
끝까지 인간임을 잊지 않고 의식을 차리다
고고하게
죽을 운명의 시간을 거부하다
내가 스스로 정하고
장렬하게

이상한 나비의 잔상

나비는

아프지도

늙지도 않고

짝을 찾아 헤매었나 보다

둘이 같이 동면하기로 약속하고

적당한 장소를 찾다가

잠깐 딴짓하는 사이에

짝을 잃어버렸나 보다

아무리 찾고 찾아도

내 연인은 없었나 보다

그렇다고 혼자

편안히 동면할 수 없어

있을만한 장소를 찾아 헤매다

겨울이 오고 눈이 왔는데

추운 줄도 모르고 찾아 헤매었나 보다

얼마나 힘들고 외로웠을까

내 연인을 찾겠다는 희망 하나로

그래도 그렇게 기운을 냈었나 보다

그렇지 않고는

이 추운 날 날아다닐 이유가 없다

오직 사랑하는 연인을 찾겠다는 열망 하나로

추위와 배고픔도 잊었나 보다

그리고 어느 순간 깨달은 것이다

미래를 약속했던 나의 짝은

이 세상에 없는 것을

무자비한 거미줄에 걸려서 사라진 것을

동면하면 살 것을 알지만

따뜻한 봄이 오면 살 것을 알지만

혼자 살 수가 없어

죽을 것을 뻔히 알면서

혹시나 하는 희망을 갖고 정처 없이 날다가

내 앞에 와서 죽었나 보다

같은 마음을 아는 나에게

먼지가 되어 공중에 떠다니는 것을 막고
최소한 땅에 묻히고 싶었다 보다

혼자 행복하기 싫었나 보다

죽은 나비의 진실

사실은

너가 잠깐 나뭇잎을 살펴보고 있을 때

거미가 다가왔어

너를 먹으려 할 때

난 소리치고 싶었지만 우린 소리를 낼 수 없잖아

날갯짓으로 알리고 싶어도

때는 너무 늦어서 내가 막았어

그렇게 난 거미의 먹이가 되었지

난 너를 위해서 죽을 수 있어서

행복했는데

그때 너가 거미에게 먹히는 상황을 보면서

내가 혼자 살아서 뭐 하겠어

차라리 내가 죽는 것이 훨씬 낫지

거미에게 먹히는 끔찍한 장면을

너한테 안 보여주어서

그나마 좋았는데

난 너가 진정으로 행복하기를 원했어

내게 주어진 시간을 너한테 준 거야

결코 슬퍼하지 마

똑같은 상황이 온다면 너도 그랬을 것 아냐

끔찍한 모습을

나한테 들키지 않게

고통의 날갯짓 소리가 나지 않게

스스로 날개를 물었을 거야

다음에 태어나면

소년과 소녀로 태어나자

말을 할 수 있는 사람으로

빨리 위험을 알릴 수 있게 말을 할 수 있는 사람으로

사랑한다고

좋아한다고

부끄러워하지 말고 매일 말해주자

이게 얼마나 소중한 일인지

사람들은 모를 거야

사람으로 태어나는 것이 얼마나 대단한 것인 줄

다른 동물한테 잡아먹히지 않는다는 것이

얼마나 고마운 일인 줄

사람들은 모를 거야

한평생 같이 늙어 죽을 수 있다는 것이

얼마나 행복한 일인지

사람들은 모를 거야

이번 생의 이별

시간 지나 나 죽으면

찾아와 눈물 흘리지 마

절대 울지 말고 웃어줘

부탁이야

나와 행복했던 일만 기억해 줘

그때 참 좋았지 하며 웃어줘

죽음은 슬프지 않아 삶의 한 과정일 뿐

함께 좋은 것 보고 맛있는 것 먹고 싶어도

같이 하지 못해서 슬프겠지

그러나 난 여기서 평화로워 정말이야

나도 여기서 너가 보고 싶지만

우린 때가 되면 다시 만나니까……

서로 충만하게 살다가 재회해서

그동안 어떤 일이 있었는지 손을 꼭 잡고

이야기를 나누자

그리고 가끔…… 아주 가끔
바람 속에서 아카시아 향이 날 때
비가 내리는 풍경을 커피숍 창문으로 바라볼 때
공원 벤치에 앉아 단풍 사이로 어스름한
저녁을 맞이할 때
눈 오는 밤 문득 깨어 저 멀리 반짝이는
십자가를 볼 때
이럴 때
아주 가끔
서로를 위해 기도해 주자
보고 싶다고
잘 지내다 다시 만나자고
너도 모르게 눈물이 흐르겠지만
그러나 웃으면서 기도해 주자
끝이 아니니까……

미안해
나의 연인 슬프게 해서

꿈

어젯밤 이상한 꿈을 꾸었지요

바닷가 수정으로 만들어진 어느 왕국에

아름다운 공주가 살았는데

저녁이 되면 매일 울었지요

무슨 일이 있나요

왜 울고 있어요

아무 말도 하지 않고 공주는

깊은 청색의 큐빅 같은 눈으로

나를 바라만 보았지요

혹시 왕자님이 보고 싶은 것일까 생각도 했지만

아무런 대답도 들을 수 없었죠

저 멀리서

배를 젓는 선원들의 함성소리에

뒤를 돌아보니

왕자님이 동화 속의 늠름한 모습으로

활짝 웃고 있었죠

나의 생각이 맞았군 왕자님이 보고 싶었던 거야

하는 순간 눈을 떴어요

깨고 싶지 않았는데 어쩔 도리가 없었네요

꿈속에서라도 아름다운 사랑이 이루어지는 것을

간절히 보고 싶었는데

꿈조차 마음대로 안 되는 것이 슬프네요

과연 만나기는 했을까요

포세이돈이 심술을 부려 풍랑을 일으키며

사랑 그런 것은 없어 순간의 감정일 뿐

이렇게 못 만나게 해야 더 만나고 싶어질걸

하면서 배를 바다에 빠뜨렸을지도

깊은 청색의 큐빅 같은 눈을 가진 공주는

눈앞에서 배가 뒤집혀 허우적대는 왕자를 보고

지금도 계속 울고 있을까요

시지프스처럼 허무한 반복되는 고통으로
눈물을 흘리다 흘리다 바다가 되었을까요
때로는 신들의 재미로 우리는
이유 없이 불행해질 때가 있죠

보상해 주세요 다음 생에서라도……

Twilight(행복해지는 시간)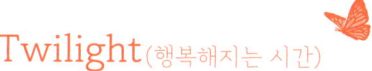

그대가 아름다워지는 시간

음영으로 인해 그대의 눈동자가 더 빛나는 시간

모든 고통이 희미해지고

흉터나 더러움이 어둑함 뒤에 숨는 시간

화려한 일몰 뒤에 찾아온 비밀스러운 시간

와인 두 잔을 마셨을 때처럼

세상이 쉬워지고 행복해지는 시간

그대의 얼굴이 흐릿해져 그리워지는 시간

그대가 극도의 아름다움으로 치닫는 시간

그러나 이 시간이 너무도 짧다

깊은 어두움이 마법사의 도포처럼 덮어버렸다

안타깝다

거짓말처럼 사라져 버리는 시간

내가 행복해지는 시간

Twilight

Twilight 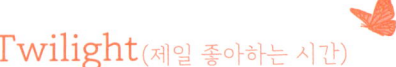(제일 좋아하는 시간)

아련한 노을이 지고
짙은 회색빛 망토로 뒤덮인
마법사의 시간이 다가온다

개인지 늑대인지 분간하기 어려운 시간
나에게 이익인지 손해인지 분별하지 못하는 시간
모든 것이 흐리멍텅해지고
빈속에 알코올을 부었을 때처럼
몽롱한 시간

옆에 있는 지인에게
사랑고백을 하고 싶은 시간
낮은 콧날이 오뚝해 보이고
게슴츠레한 두 눈이 그윽해 보이는 시간

이 시간을 조심해야 해

어스름으로 인해 악함이 착함이 보이지 않는 시간

인간이 제일 좋아할 수밖에 없는 이 시간

나를 감추어 줘 그러나 아주 안 보이게는 하지 말고

온 세상이 마법으로 뒤덮여 아름다워지는 시간

오늘도 이 시간을 맞이하려고 처음으로

현관문을 열었다

내가 제일 좋아하는 시간

Twilight

어느 노부부

내 앞에 노부부가 걸어간다
두런두런 말소리도 들리는 것을 보니
꽤 사이가 좋은 듯하다
가다가 남편이 넘어지려 하니
아내가 얼른 부축을 하며 핀잔 대신
부드럽게 조심하라고 한다

문득 떠오르는 생각
단풍 든 가로수길을
노부부가 손잡고 걸어가는 뒷모습 그림을 보고
눈물 난다고 했던 너
난 이게 왜 눈물 나는 그림이냐고
이해할 수 없다고 했지
그림은 잘 그렸네 하면서……

지금

나도 모르게 눈물이 주르륵 흘러서

누가 볼까 얼른 손가락으로 닦았다

우리에겐 이런 결말이 오지 않을 것을

너는 미리 예견한 것일까?

한평생 같이 늙을 때까지 저렇게

살아간다는 것이 얼마나 대단한 것인 줄

저분들은 모르겠지

나도 모르게 축복기도를 하면서 멀어져 가는 뒷모습을

한 점으로 보일 때까지 바라보고 또 바라보았다

너와 함께 보았던 액자 속 그림을 떠올리면서

너가 정말 그립다!

보고 싶어

너 없이 이십 년을 살면서

그 누구도 너만큼 나를 사랑해 주었던

사람을 못 만났구나

그 액자 속 그림엔

중년 여인이 단풍 진 낙엽을 밟으며 혼자 걷고 있구나

그리움

집으로 돌아오는 길에
같이 들었던
익숙한 노래가 흘러나온다
차를 세우고 잠시 눈을 감았다
바다가 보이는 카페에서
커피 향과 같이 들었던 이 노래
떨리는 가냘픈 손으로
라디오 주파수를 잘 맞추어 본다

그대의 눈은 참 아름답지요
흑진주처럼 큰 눈동자
오늘도 아침이 즐거워요
그대를 만날 생각으로
토요일인데 늦잠도 안 잤지요
그대의 눈을 바라보려고

그대만 생각하면 미소가 나도 모르게 지어져요
오늘은 어떤 옷을 입고 그대를 만날까요
내가 이렇게 변할 줄은 나도 몰랐어요
이렇게 행복해도 되나 걱정되기도 해요
내 인생에 이런 행복은 처음이니까요
이 낯선 행복이
익숙하지 않은 이 행복이
커피 향처럼 공기 속에 사라질까 봐서
두려움이 몰려올 때도 있죠
그대의 마음이 시간으로 인해 변할까 봐
진주처럼 예쁜 반짝이는 이슬도
아침이 되면 사라지는 것처럼
나를 사랑하는 마음이 변할까 봐
나의 마음은 불안하고 두려워요
나는 이렇게 행복한데
그대만 생각하면 나도 모르게 웃음이 지어지는데

익숙하지 않은 이 행복이 두려워요

빨리 만나고 싶은 마음에

설레는 마음 때문에 운전을 할 수가 없어요

오늘은 그대를 어떻게 행복하게 해줄까요

바다가 보이는 카페에서

잡았던 손을 빼며

너도 나를 이만큼 사랑하니

장난스럽게 물으니

커피 향이 나는 입김으로

아주 조용히

평생

죽어서도

사랑하겠다고

말했지

슬픔

짙은 차콜빛 하늘

이상하다

별이 하나도 안 보이는데

반달만 뚜렷이 떠 있다

무언가 부조화스럽다

저 반달이 나인 것 같아

슬프다

저 큰 우주에 반달만 있구나

반쪽도 없고 친구 별들도 다 어디 가고

언제쯤

만날 수 있을까

언제쯤……

산책

하루 종일 누워서 생각의 산성을 쌓다가
답답한데 산책이나 나갈까
마음은 집 앞 영장산을 걷고 있지만
몸은 아직도 집 소파에 누워 있다
그래 나가 보자

바쁜 일정이 있는 듯 빠르게 걷는다
저 앞에서 어떤 남자와 눈이 마주쳤다
얼른 시선을 돌려 멀찍이 지나쳤다
어렸을 때는 타인의 시선을 즐겼다
내 아름다움에 도취되어 돋보이려고 했다
지금은 타인의 시선이 두렵다
어쩌다 시선이 마주쳐도 부담스럽다

드디어 공원에 도착했다

유모차를 끄는 젊은 부부

두 손을 맞잡고 트랙을 도는 연인

이어폰을 끼고 등허리가 축축이 젖게 뛰는 남자

모두가 목적이 있어 보인다

나만 이유 없이 혼자 공원에 있는 것 같다

하루 종일 집에 있어서

답답한 마음은 온데간데없어지고

다시 집으로 가고 싶다

내 마음대로 할 수 있는 이 지상의

최고의 낙원 나의 집

불현듯 어디서 늘 끼고 사는 익숙한 향기가 난다

저쪽 벤치에서 강아지를 데려온 중년 부부가

수다를 떨며 여름인데도 따뜻한 커피를 마시고 있다

지금 이 시간

제일 부러운 사람들

커피를 마시기 위해서 빠르게 걷는다

커피 향기가 있는 나의 집으로

재회

드디어 다시 만났네요

그동안 할 말이 정말 많지만

시간이 너무 아까워 한 마디만 할게요

보고 싶었어요 아주 많이

당신의 두 손

애틋한 눈빛

소리치며 화내면 꼭 안아주던 따뜻한 가슴

영화를 보면서 어깨에 팔을 두르고

한쪽 손을 꼭 잡고

어쩔 줄 몰라 머리에 입 맞추던

절대적 사랑을 받는 느낌

이 모든 것이 너무 그리웠어요

몰라볼 줄 알았는데

나 혼자 나이 먹어서

고마워요 알아봐 주어서

세월이 흘러 안 예뻐져서
미안해요 혼자만 너무 오래 살아서……

우리가 좋아했던 성악가 [1]

삶의 비애가 느껴지는 표정과 눈빛

진실된 마음을 알 수 있는 아름다운 숨소리

운으로 성공하는 것이 아닌 재능이 있는 사람이

열심히 노력하면 성공할 수 있는

삶의 정직을 보여주는 노래

순수하고 착한 외모에 고급스럽고 세련된 목소리

마음이 정화되고 입가에 미소가 저절로 지어진다

노래를 듣고 우리는 함께 상상한다

석양을 바라보며 연인과 와인을 마시면서

두 눈에 사랑이 듬뿍 담긴 눈빛으로

서로를 보면서 만족해하는 삶

이 순간만큼은 제우스도 아프로디테도 부럽지 않아

호흡까지도 노래의 일부분으로 승화시키는

진심이 담긴 노래

고귀한 영혼이 느껴지는 노래에

자신도 모르게 눈물을 흘린다

재밌는 운명

내가 이렇게 사는 것은
사람들은 팔자가 사나워서라고 말했다
난 어떤 짓도 하지 않았는데
이런 일들이 벌어지긴 했다
나는 그냥 살았을 뿐인데……
그러면 난 용감하게
운명아 길을 비켜라 내가 간다 하며
어깨를 펴고 인생과 싸워야 할까
아니면
난 이렇게 슬픈 팔자를 타고났어
어쩔 수 없지 하며 우울하게 살다가
죽음의 시간이 다가오기를 묵묵히 기다려야 할까
난 둘 다 하고 싶지 않다
용감히 살기엔 지치고 피곤하고
순응하며 살기엔 억울하고 허무하다

그렇지만
사람들의 예상과는 다르게
난 나름대로 그래도 잘 살고 있다
어떨 때는 난 참 행복한 사람이다 하며
감격할 때도 있다
그리고 그들도 가끔은 나를 부러워할 때도 있다

난 진짜 복이 많은 것 같다며 남편과
시댁 자랑을 늘어놓는
친구를 볼 때면 부러운 감정이 들 때도 있지만
이것은 잠시고 차를 못 바꾸어서 짜증 나고
명품백을 사고 싶었는데 돈이 모자라서 못 샀다
남편이 무능하고 아이가 기대치에 못 미친다……
이런저런 불평불만을 늘어놓을 때는
참 감사할 줄 모르고 사는구나 충분히
행복할 조건인데…… 이 친구를 만난 지 20년이
되었는데도 내용만 조금 달라졌지 아직도 불만은
똑같다 돈은 많은 것 같은데 즐기고 쓸 돈은 항상

부족한 것 같다 아마 죽을 때까지 부족할지도 모르겠다

난 이 세상이 원하는 행복의 조건이 친구보다
부족할지 몰라도
난 그녀가 갖지 못한
삶에서 가장 중요한 낭만의 감성을 가지고 있다
아침에 기지개를 켜며 바라보는
나무의 숨결에서 풍기는 향기를 맡으며
영혼의 충만함을 느끼고
점심에 동료의 미소에서 격려와 지지를 얻어 덜 외롭고
잠깐의 휴식 시간에 마시는 커피의 달콤함에 행복하고
저녁에 새들이 집으로 돌아가는 날갯짓에 힘을 얻는다

세상에서 정한 가족이 없다고 불행하다고
생각할 필요는 없다
나는 나대로 내가 정한 행복대로 살면 되는 것이다
친구는 타인이 잘해주었을 때만 자랑한다 그리고
자기가 가정을 위해 얼마나 많은 희생을 했는지

말하고

가족들이 이것을 몰라준다고 울 때도 있다

그러면 난

상황에서 말고

나 자신으로부터의 생각에서 행복을 찾으려고

노력해 봐!

난 지금 너와 앉아서 아름다운 음악을 들으며

커피를 마시고 있는 지금 너무 행복한데

하늘에는 몽실몽실 구름이 유치원 어린아이

그림처럼 예뻐서

미세먼지가 없어 폐로 들어오는 신선한 공기를 깊게

들이마시면서 난 혼자 행복해했다

나의 행복의 조건이 너무 낮게 책정된 걸까?

지금 이 순간만큼은 친구의 삶과 내 삶을

바꾸라고 하면 난 절대 싫다

욕심으로 가득 찬 팥쥐엄마 같은 모습으로

친구는 억지미소를 지으며

이 집 커피는 너무 써서 훈입맛[2])에 담배꽁초 맛이
난다고 했다 저 멀리서부터 비행기 소리가 나니
프랑스 파리 여행을 못 가서 우울하다고 한다
미안…… 어쩌지 난 카페 앞 붉은 장미 넝쿨이 너무
아름답고 향기로워서 안 우울한데

별을 사랑한 소녀

소녀는 유난히 별을 사랑했어요
너무 마음이 힘들고
외로울 땐
별을 보면 안심하고 마음이 놓였죠
도시에 사는 소녀는
이제는 별을 볼 수가 없어서
슬펐어요
그래서 떠나고 싶었어요

소녀가 살았던 고향으로 찾아갔으나
장난감 공장이 생겨서
벌써 오염이 되어 별이 예전처럼 안 보였어요

이제는
도시에서 아주 먼 곳으로 찾아갔으나

만족할 만큼은 보이지 않았어요
어렸을 때 고향에서 보았던
하늘을 가로지르던 굵은 별들의 띠
은하수는 보이지 않았어요

어렸을 때 소녀는
저 띠를 따다가 목걸이를 만들고 싶었죠
노력만 하면 긴 사다리를 만들고
하루 동안 올라가
딸 수 있다고 생각했죠

세상의 이치를 깨달은 소녀는
할 수 있는 일만 상상했어요
남들이 불가능하다고 생각하는 상상은
남들처럼 하지 않았습니다
소녀는
남들만큼만 행복하고 싶었지만
남들이 얼마큼 행복한지 알지 못해서

이만큼일 거야 막연히 생각했죠
그러나 이만큼 행복하기도 쉽지 않았어요

별들이 알려주었지요
그냥 너가 정해
행복은 내가 정하는 거야

그때부터 소녀는 별을 따기 위해서
사다리를 만드는 것이 아니라
별의 아름다움을 보기 위해 사다리를 만들었죠
그 긴 사다리가 휘청이지 않게
튼튼히 만들고
별을 보며 늘 행복했죠

저 깊은 마음속에는
은하수를 만나기를 소원하며
행복 하나는 남겨두었죠

다음 생에서

소년과 함께 이루려고

퇴근길

달님과 함께 집에 가고 있어요

다른 별들이 안 뜰 때도

달님이 엄마인 듯 항상 옆에서 반짝이는 꼬마별이

기죽지 마

괜찮아

잘할 수 있어

응원해 주는 듯해요

오늘은 유난히 힘든 하루네요

자기의 권리를 마음껏 누리는 상사

자기를 이해해 주지 않았다고 투덜대는 동료

모두 나에게 자기의 마음만 알아달라고 하네요

이럴 땐 허공에 떠 있는 느낌이에요

여왕의 긴 망토를 만들려고

뜨개질된 인형을 남김없이 풀어 써서

머리만 달랑 남은 것처럼

소진된 하루

가끔씩

삶이 벅찰 때면 쫓아오는 달님이

나를 삼켰으면 해요

달님의 세계는 새로운 나만의 왕국이 될 테니까요

여기선 어린왕자처럼 혼자여도 좋아요

죽음맞이 노래

오늘은 행복한 날

내가 죽는 날

신들이 나를 위해 축복의 기도를 해주네

가족들아 친구들아

나를 위해 울지 마라 난 아픔이 없고 고통이 없는

곳으로 떠나네

사는 동안 누구한테 해를 끼치지 않았고

착하게 살려 노력했다.

열심히 살아서 가족들을 돌봤고

조금이나마 이웃을 위해 베풀었다

이제는

아무 걱정이 없는 곳으로 외로움도 없고 비난도 없는

곳으로 떠나니

어찌 기쁘지 않겠는가

이 좋은 날

하늘도 사느라 수고했다 말해주고

바람도 조화를 이루어 불어주고

자연도 나를 위해 노래하네

오늘은 즐거운 날

내가 죽는 날

내 귓가에 멀리서

나를 사랑했던 사람들이 축복의 송가를 불러주네

이제는 숨을 거둘 시간 평화의 나라로 멀리 떠나니

나를 잊고 모두 평안히 지내기를 기도하네

가을 이별

귓가로 사르륵 바람이 지나간다
비 온 뒤 흙내음과 같이

붉은 장미꽃을 샘내는 단풍나무에서
사가각 낙엽이 떨어져
먼저 온 낙엽들과 다시 땅에서 겹쳐진다

아주 짧은
잠깐의 이별이 아쉬웠지만
이렇게 다시 만난다
억겁의 세월에서 찰나의 이별
땅에서 만나기 위해
그리고 다시 생명이 되기 위해
이별을 해야 하는구나

힘들어하지 마!
다시 만나기 위한 잠깐의 쉼이야

가을비

사나운 비가
출근길 버스 유리창으로
물방울 진주가 되어 반짝인다

전설의 파로스섬 등대처럼 당당히 치솟아
항상 보이던 롯데타워도
오늘은 투명마법사의 망토가 씌워진 듯 보이지 않는다

우산을 털며 소란스럽게 들어오는
소녀들 어깨에 묻은 빗물이
슬픈 사연을 가진 인어공주의 눈물방울이 되어
반짝인다

내일은 한 뼘 더 추워지겠지
가로수들이 벌 받는 어린아이처럼 떨고 있다

이번이 내가 내릴 정거장이다

과장된 모습으로 우산을 활짝 펴며

물의 향연에 동참했다

단골 빵집

둥그런 모양에 단팥이 소복히 들어가
묵직한 빵
달지도 않아서 커피와 먹으면 최고인 단팥빵
어렸을 적 할머니가 가마솥에 불을 때며
직접 만들어 주었던 그 맛이 난다
시골 맛이 난다
할머니 사랑 맛이 난다
이런 맛을 내는 빵집이 있다는 것이 신기해서
매일같이 드나들던
빵집에
어느날 A4용지에 임대라고 적혔다

괜스레 배신감이 올라온다
말을 해주든가 너무한 것 아냐 생각하며
이리저리 단팥빵을 찾아 동네 빵집을 돌아다녔다

하지만 내가 먹던 그 맛이 아니다
또 화난 마음에
말이라도 해주고 그만두어야지
그러면 잔뜩 미리 사놓기라도 하지
거기만 빵집인 줄 아나
더 맛있는 단팥빵집을 찾고 말 테야
괜한 심술이 나서 커피만 연거푸 마신다

정들면 모두 떠나네……
세월이 가면
그 마음이
모두 변하는 것이
두려워서

좋은 맛만 기억하라고
단팥빵 맛이 변하기 전에
떠났나 보다

# 커피 예찬

심장이 두근두근

너는 나를 미치게 하는구나

마시지 말아야지 하면서도

또 컵에 손을 대는 나를 보고

부드러운 향기를 뿜으며 여왕처럼 거만하게 비웃는 너

절대로 거부하지 못할걸 이 향기는 교활한 판타지거든

오늘도 꼼짝없이 너를 마시고 있는

나를 향해

졌어 항복이야 그러나 조금만 마실 거야

기분이 좋아진 나는 너를 모욕한다

사악한 오아시스 가짜 구원자 같으니

나른한 저녁 또 유혹을 하는구나

갖은 교태를 부리며 뿜어내는 너의 향기를

또 거부하지 못하는 나

기세등등해진 너는 무기력한 나를 보고 소곤댄다

달콤한 정복자의 힘을 마음껏 느껴봐

지친 하루를 행복하지 않았던 나를

그래도 너만 위로해 주는구나

나는 너의 도도한 노예이며 맹렬한 추종자야

안녕

잘 가거라
아쉬운 나의 청춘아
불행도 행복도
이리저리 내 의지와 관계없이
지나온 애처로운 나의 청춘아

잘 있어라
붙잡고 싶은 나의 청춘아
떠돌이 말더듬이 집시마냥
하찮게 여길 때도 있고
별안간 왕비가 된 신데렐라처럼
뽐낼 때도 있었지

지금은
잠시라도 청춘의 끈을 잡고

매달리고 싶지만

기회는 한 번뿐

신께서 허락해 주지 않는구나

정말로 안녕

나의 청춘

조금은 슬프지만 그래도 괜찮아

늙음은 새로운 탄생을 알리는 신호이니까

남은 인생 어떠한 상황에서도 품격을 지키며

미소를 잃지 않고 낭만적으로 살아갈게

그리고

전쟁터의 장수처럼 장엄하게 최후를 맞이할게

죽음의 시간 앞에

최소한 비굴하진 않을게

별이 된 소년

청보랏빛 사파이어 밤하늘
그 속에서 해청색으로 빛나는 별빛
울적한 마음이 들어 밤하늘을 쳐다봅니다
천사가 된 소년
차가운 기운의 밤하늘에 유난히 반짝이는
별이 보이네요
별이 된 소년의 이야기를 아시나요
베이루트에서 살다 온 소년의 이야기를요
평화를 위해서 멀리멀리 찾아 떠났지만
해청색 반짝이는 별이 되어야만 했던
가여운 소년
세상 모두에게 사랑과 평화를 전하려 했던
비현실적 소년
우리 모두가 평화롭게 싸우지 않고 살기를
바랬던 동화 같은 꿈을 가진 소년

어느 날 밤하늘에 유난히 반짝이는 별을 본다면
이 소년을 꼭 기억해 주세요
그리고 기도해 주세요 이 소년이 바랬던
꿈이 이루어지기를

울적할 때는 밤하늘을 바라봐 주세요
이 소년의 착한 마음이 느껴질 거예요

깡통 줍는 노인

거의 비슷한 시간 11시쯤
허리가 구부러진 노인이 깡통을 줍고 있다

편의점 바깥 테이블에서
술 먹는 사람들에게 다 마셨는지 물어본다
맥주캔을 얻어 가려고……

어찌 이리 인생이 가혹할까 생각해서
음료수나 돈을 드리고 싶어도 용기가 나지 않는다
섣부르게 행동을 했다가 주위만 소란스럽게 할까 봐서

요새는 사람들의 시선이 부담스럽다

왠지 젊었을 때 세상에서 알아주는
괜찮은 직업을 가졌을 것 같다는 생각이 들었다

왜일까

옷이 깔끔해서

할아버지의 인상이 선해서

열심히 살았는데 자식 혹은 사기꾼한테 다 뺏기고

깡통을 줍고 있다면 얼마나 원통할까

허리 굽은 노인이 나를 쳐다본다

얼른 시선을 돌리고 먼 곳을 보았다

신이시여

지나고 보면 눈 깜짝할 시간이라고 하지만

그때그때의 고통으로 우리는 많이 아파요

불쌍한 우리를 축복해 주세요

실망

실망을 얼마나 더 해야 괜찮아질까
직장
모임
친구
가족
얼마나 더 있을까
총체적 난국인 인생이 있었네……
정말 실망이다
그래
실컷 실망해 보자
얼마나 더 가라앉고 내려앉아야지만
더 이상 실망하지 않을지……
따지고 보면 가장 실망스러운 것은
타인이다
인간이다

그리고
나다
이들을 대처하는 방식의 나다
정말 실망이다

더 이상 기대하지 말자
우리 인간에게
태초에 하나님께서 왜 인간보다 나무 먼저
만드셨는지 이해가 간다

하나님까지 배신한 인간에게 기대할 수는 없다
이익만 된다면 우정 사랑 따위는 없다
눈에 보이는 현물만이 위대하다
그럼에도 불구하고

빈센트 반 고흐에게
테오라는 영혼의 쌍둥이 같은 동생이 있듯이
나에게도 단 한 명의 지지자가 있다

이것만으로도 얼마나 큰 위로인가
이 단 한 명이 없어서
숨을 거두고
이 단 한 명이 없어서
외로움에 눈물조차 못 흘리는지
실망으로 엉망이 된 하루
청혼에 거절되어
길에 버려져 짓이겨진 장미 다발처럼
일그러진 이 하루
구겨진 이 하루

그 고통 속에서도 결국엔 세상이 내 그림을
인정해 줄 것을 알았던
빈센트 반 고흐
그 꺾이지 않았던 열정을 믿음을 자신에 대한 신뢰를
고흐를 보고 용기를 얻어야겠다

천국에서도 그림을 그리고 있을 나의 빈센트 반 고흐

별이 빛나는 밤에

당신의 축복의 나라에 나도 초대해 주세요

당신이 그토록 좋아했던 압생트와 함께

이제 실망을 멀리 내던졌다

한순간에 모든 것이 바뀌었다

꺾이지 않는 감성으로 아침을 맞이하자

.

.

.

운명아 내가 이겼지!

서울 거리 3사람

정말 사람이 많구나
그중에 자기 잘난 맛에 사는 3명
완전한 노인 남자 1명
키가 작고 촌스러운 옷차림의 중년 여자 1명
젊음이 약간 남아 있는 여자 1명
이 사람 많은 곳에 3명의 조합은 무언가 어색하다
술집으로 향한 3명
완전한 노인은 계속 자기가 얼마나 잘났는지
알리려고 책 3권을 건네면서
크게 이야기하고
촌스러운 옷차림의 여자는 여기에 장단을 맞추고 있다
젊음이 약간 남아 있는 여자는 내가 더 잘났는데
하면서 지루해하고 있다
부조화스러운 이 3명은 각자의 목적을 달성하지
못한 듯하다

완전한 노인은 젊음이 약간 남아 있는 여자에게
인정을 받지 못했고
촌스러운 옷차림의 여자는 둘의 사업을 연결하려
했으나 결렬된 듯하고
젊음이 약간 남아 있는 여자는 이 둘한테 짜증이 나는
듯하다
그래도 여기서 승을 따져 보자면
촌스러운 옷차림의 여자다
술값도 내지 않고 완전한 노인한테 체면은 선 듯하다
계속 만날 약속을 하고 어겼기 때문이다
그리고 여기서 가장 패는 젊음이 약간 남아 있는 여자다
사업설명은 시시했고 술값과 택시 값을 냈고 먼 길을
돌아가야 하기 때문이다
완전한 노인과 촌스러운 옷차림의 여자는 같이 갔고
젊음이 약간 남아 있는 여자는 텅 빈 지하차도를 혼자
걸어서 집으로 돌아갈 준비를 했다
하아!
일진이 안 좋네

언제 집에 돌아가지……
뜻대로 안 되는 인생이네
그래도 저분들은 아니라는 것을 안 것만도 괜찮다
안 만났으면 계속 미련이 남았을지도
모르기 때문이다

절대 침묵

가만히 눈을 감고
조각상이 된 듯 움직이지 않는다

나비가 팔랑이는 소리
나팔꽃이 펼쳐지는 소리
이슬이 말라서 공기 속으로 사라지는 소리
내가 침묵해야만 들리는 소리가 있다

태양 빛에 지쳐 장미꽃이 오므라지는 소리
저녁이 스멀스멀 조금씩 다가오는 소리
밤이 천천히 사라지고 새벽이 오는 소리
세상이 침묵해야만 들리는 소리가 있다

가끔씩
우리는
절대 침묵이 필요하다

수상한 옆집 여자

그 여자는 치마를 좋아한다

바지를 입은 모습을 한 번도 본 적이 없다

항상 멋스럽게 꾸미고 거의 비슷한 시간에 씩씩하게

걸어가거나

달려갈 때도 있다

아마 버스시간을 맞추려고 하는 것 같다

나이를 알 수 없는 묘한 얼굴에

눈이 슬퍼 보이기도 하고 때로는 장난기 있어 보이는

눈으로 인사할 때도 있다

어디 가세요 물으면

출근해요라는 답변이 온다

직업이 뭘까

궁금하지만 거기까지 묻기엔

실례가 될 것 같아 참아본다

주말에 우연히 골목에서 만났는데 평소와 너무 다른
모습에 놀랐다
반바지를 입고 슬리퍼를 신은 모습에
부스스한 머리엔 흰머리까지 보이기도 했다
출근을 안 할 때는 꾸미지 않는 것이
너무나 당연한 일이지만
그 여자는 왠지 혼자 있을 때도 백설공주 드레스를
고집하는 유치원생 여자아이처럼 멋 부리고 있을 것
같다

나처럼 커피를 좋아하고 라흐마니노프와 고흐를
사랑했으면 한다
왠지 나와 닮아 있는 저 여자와 산책을 하고 싶다
그리고 감히 위로를 해주고 싶다
저 여자의 화려함 뒤에 슬픔이 보였기 때문이다

오늘도 비슷한 시간에
세차게 대문이 닫히고 타닥타닥 뛰어가는

저 여자 때문에 골목이 잠시 소란스러웠지만

그래도 어깨가 당당히 펴 있고 힘찬 발걸음이

경쾌해 보여서 좋다

슬프지만

사는 날까지 행복하게 살려고 하는 것 같아서 좋다

그러나 누군가를 하염없이 보고 싶어 하는 것 같기도 하다

아기적 겨울

입에서 연기가 나요
아니야 입김이야

폭신폭신 하얀 이불이에요
여기에 누울래요
아니야 눈이 온 거야

큰 호빵 두 개에 눈이 있어요
아니야 눈사람이야

모든 색깔이 없어졌어요
조금만 기다려
해님이 오면
곧 다시 우릴 보러 올 거야

아기적 봄

어디서 꽃이 피나요
땅속 깊은 곳에서 씨앗이 나와요
이상해요 아무것도 없는데 어떻게 나와요
꼭꼭 숨어 있다가
아이 따뜻해 숨 막혀
하고 땅 위로 나와요

어떻게 꽃이 이렇게 예쁠 수가 있나요
땅속에서 어떻게 필까 많이 생각했죠
아하
겨울이 되면 꽃은 어디로 가나요
다시 땅속으로 가요
너무 추우니까 이불처럼 흙을 덮고 있다가
어떻게 필까 설레이다가
봄이 되면 우리 아기처럼

세상에 대한 기대를 잔뜩 품고 나오죠
누가 나를 보고 감동할까 생각하면서요

그러니
함부로
꽃을 꺾지 마세요
누군가에게 줄 감동을 꺾는 것이며
이 감동은 꽃의 전부이니까요
꽃에겐
그것은 전부이니까요

아기적 여름

나무는 왜 이렇게 예쁜 초록일까요
초록 요정님이
우리 푸르게 쭉쭉 크라고 물들였지

날씨는 왜 이렇게 더울까요
눈의 여왕님이
피곤해서 긴 휴가를 갔지

나비는 왜 이렇게 많을까요
슬픈 아이들에게
괜찮아질 거라는 것을 알려주기 위해서야

겨울과 동행

너가 그렇게 좋아하던 긴 머리를 오늘 잘랐어
자르면서도 '너가 싫어할 텐데'라는 생각이
잠깐 들었지만
삶의 무게가 버거워서
머리카락 무게라도 줄이고 싶었나 봐

어느 날 문득
너 없이 이렇게 세월이 흘렀다는 것에
깜짝 놀랠 때도 있어
그냥 하룻밤 자고 났는데
마법에 걸려 나도 모르게 이렇게 나이가 든 것 같아
그동안의 삶이 전생 기억처럼 느껴져

참 이상해
너에 대한 기억이

너무 절실해서 숨 쉬기도 힘들 때가 있었지

그러다가 기억이 희미해져서 마음이 편할 때도 있었고

그런데 요새 다시 너의 생각이 예전처럼 사무쳐서

숨쉬기가 벅차

왜일까?

집 앞 정류장에서

흔치 않은 너의 이름과 같은 병원 간판을 보았어

이상하지……

여기서 산 지가 7년이 되었는데 이제야 발견하다니

새로 생긴 것도 아닌 듯 간판이 많이 바래었는데

이제야 본 것은 너무나 신기한 일인 것 같아

이번 겨울은

너의 생각으로 많이 힘들었는데

그러나 난 잘 알고 있지

언제나처럼

의연하게 이겨낼 것을

그럼 또 세월은 흐르고 봄은 오겠지

추위가 없었던 듯 꽃이 피고 나비가 날고 봄에 새들이 찾아올 거야

난 언제나처럼 커피를 마시며 감동하고 이것을 바라보겠지

겨울과 동행도 나쁘지 않아

봄이 얼마나 좋다는 것을 느낄 수 있게 해주니까

.

.

.

너한테 한 발 더 갈 수 있게 나이가 든 것이니까

늦가을

가로수 나무들이
하늘로 쭉쭉 뻗던 그 고귀한 나무들이
가지가 잘려서 내동댕이쳐져 있다
그리고 둥그런 모양으로 이 나무도 저 나무도 동일하게
도넛에 막대기를 꽂은 모양이다
유행이 번져서 똑같은 머리를 따라 하는
청소년처럼 미용되어 있다

나무가 불쌍하게 생각될 겨를도 없이
마음이 불안하다

겨울이 오는 전조증상이다

내가 그토록 싫어하는 겨울이 다가오고 있어

창문 밖으로 서늘한 바람만 불어도

벌써부터 아침 공기가 폐로 들어오는

차가움이 느껴질 때

내 마음은 돌무더기가 내려앉듯 쿵 소리를 낸다

그래도 점심에는 햇살이 힘을 낸다

끝까지 버티려고 멀어져 있는 태양에게 호소한다

나를 밀어내지 말고 안아달라고

마음의 상처가 깊은 사람들이나

가난한 사람들은 겨울을 맞이하기 싫어한다

코트를 뚫고 들어오는 오싹한 추위가

솜사탕처럼 달콤하게 쌓여 있는 새하얀 눈이

공포다

추위를 버티려 주먹을 꽉 쥐고

몸을 작게 어깨를 움츠려도

덩달아 마음도 추워진다

지붕이 무너질 정도의 무게를 자랑하는 눈덩이도

흰색은 이런 것이야 어때 반짝반짝하지

자랑하던 눈도

이 세상 모든

향기와

색깔과

햇살과

새싹들

나비와

펼쳐지는

봄 앞에서는 맥을 못 추고

한낱 물로 변한다

너무 기다려서

늦은 감이 있더라도 봄이 온다

걱정 마 기다리면

봄이 오고

느긋함이 생겨

같은 일도 너그러워지지

따사로운 봄으로 인해

추웠던 겨울은 금방 잊을 거야

그래도 겨울은 또 찾아오겠지만

그래도 봄이 있잖아

너무 기다려서

늦은 감은 있지만

반드시 봄은 와

잊지 마

기어이 꼭 봄은 와!

사랑의 꽃밭

어느 날 사랑이 시작되었다 그리고 이날부터 꽃밭이 생기고 장미가 피고 나비가 날아왔다 꽃밭의 향기는 너무 진해서 우주에서도 맡아졌다
또 어느 날 아무 이유 없이 송두리째 모든 게 리셋되고 그렇게 사랑은 가버렸다 꽃밭은 황폐화되었고 벌레들이 들끓었다 그러나 처음부터 존재하지 않았던 꽃밭이었는데 이렇게 흔적이라도 남아 있어 주어서 고마웠다 다시 힘을 내어 그 꽃밭에 씨앗을 심고 물을 주었다
이번에는 야자수보다 더 크게
장미 덩쿨이 자라서 천국의 정원까지 닿을 것이다

이 향기로 인해 모든 사람들과 신들조차 좋아할 것이다

천년고찰 봉국사 저녁 타종

붉게 물든 가을 저녁을 맞이하며
천년 사찰 봉국사 타종 소리가 들려 온다
빨리 뛰던 심장이 종소리에 맞추어 움직인다

젊은 스님의 무심한 얼굴이 노을로 인해
음영이 더욱 깊어졌다

부처님의 음성을 종소리에 담아 내는
서른세 번의 타종 소리

무언가 서글픔이 내 마음속 깊게 올라오며 눈물이 난다
흐릿한 시야로 스님을 바라보니
언젠가 보았던 아련한 풍경인 것 같다

전생의 기억이 종소리에 깨어난 것일까?

타종을 끝낸 스님이 합장을 하고 사라지니
어스름한 저녁이 붉은 하늘에 서서히 침습한다
마지막 남은 노을빛이
천 년의 세월과 함께 온 대웅전 부처님 얼굴에
스쳐 지나간다

어두움이 오려고 해

이 빛을 보내지 않으려고 해와 달의 오누이가 된 듯
안간힘을 쓰며 동아줄처럼 붙잡고 있는 나

지나온 슬픔 따위는 떨쳐 버려
타종 소리와 함께 저녁이 오듯이
이제는 이 슬픔도 어둠 속에 흘려보내 줘
그러면 다시 새벽이 오고
새로운 삶이 시작돼……

종소리가 시간에 흩어졌지만 기억하듯이

나도 한 번 더 우주의 흐름에 기대어 봐

천년고찰 봉국사 타종 소리가
나의 과거와 지금 미래가 얽혀 있는
숙명의 시간을 기억해 냈다

슬퍼하지 마

희미하지만 굵고 단단한 동아줄이 오고 있어
그리고 새로운 삶이 시작될 거야
두려워하지 말고 그냥 하루하루를 품위를 지키며
낭만적으로 살아가
약속의 시간이 다할 때까지……

그러면 봉국사 부처님이
천 년의 미소로 아기 새를 품듯이 안아 주실 거야

미주

1) 〈팬텀싱어〉에 나왔던 어느 성악가가 부른 노래에 시인이 댓글을 달았던 내용이 일부 들어가 있습니다.

2) '뒷맛'과 같은 의미로, 어렸을 때 들었던 시인적 표현입니다.

나
만
의
로
맨
티
스
트

초판 1쇄 발행 2025. 1. 22.

지은이 신지수
펴낸이 김병호
펴낸곳 주식회사 바른북스

편집진행 이지나
디자인 이강선

등록 2019년 4월 3일 제2019-000040호
주소 서울시 성동구 연무장5길 9-16, 301호 (성수동2가, 블루스톤타워)
대표전화 070-7857-9719 | **경영지원** 02-3409-9719 | **팩스** 070-7610-9820

•바른북스는 여러분의 다양한 아이디어와 원고 투고를 설레는 마음으로 기다리고 있습니다.
이메일 barunbooks21@naver.com | **원고투고** barunbooks21@naver.com
홈페이지 www.barunbooks.com | **공식 블로그** blog.naver.com/barunbooks7
공식 포스트 post.naver.com/barunbooks7 | **페이스북** facebook.com/barunbooks7

ⓒ 신지수, 2025
ISBN 979-11-7263-945-7 03810

•파본이나 잘못된 책은 구입하신 곳에서 교환해드립니다.
•이 책은 저작권법에 따라 보호를 받는 저작물이므로 무단전재 및 복제를 금지하며,
 이 책 내용의 전부 및 일부를 이용하려면 반드시 저작권자와 도서출판 바른북스의 서면동의를 받아야 합니다.